Coquí Kokee

Dos coquíes regresan a Puerto Rico

Walter Feshold Rodríguez

Ilustrado por Jason Velázquez

Coquí-Kokee:
Dos Coquíes regresan a Puerto Rico

Illustrated by Jason Velazquez

Printed in the United States of America.
Hardcover: ISBN-13: 979-8-9914263-0-5
Paperback: ISBN-13: 979-8-9914263-1-2

WFR BOOKS

Carta al lector

Coquí-Kokee es la historia de dos coquíes que regresan a Puerto Rico luego de haber vivido oda su vida en una isla de Hawaii. El coquí es una pequeña rana endémica de Puerto Rico. os puertorriqeños sentimos un amor especial por el coquí, y es uno de nuestro símbolos nás reconocibles. El puertorriqueño que vive fuera de la isla siente mucha nostalgia cuando ama a familiares o amistades y de momento se escucha el canto del coquí a través del eléfono. Como puertorriqueños, nuestro oído está acostumbrado a la melodía del canto el coquí y al escucharlo nos sentimos que estamos en el terruño. Siempre hemos pensado ue el coquí, al ser una especie endémica de la isla, nunca se pudiera aclimatar fuera e Puerto Rico. Pero nos equivocamos. Resulta que en el archipiélago Hawaiino hay una oblacion abundante de coquíes. ¿Y cómo sucedió eso? Dicen los expertos que en el 988, un barco proveniente de Puerto Rico con material vegetativo, llegó a Hawaii y que e esa manera la pequeña rana pudo llegar hasta esas islas en el océano Pacífico.

llí en Hawaii, el coquí encontró todas las condiciones ideales para reproducirse. Pero no ue bien recibido por gran parte de la población de Hawaii. Por tal razón, en Hawaii, el oquí es visto como una especie invasora, y su canto resulta molestoso para muchos en Hawaii. Inclusive, el Departamento de Recursos Naturales de Hawaii tiene programas de ontrol de plagas en donde fumigan las áreas en donde se escuchan los coquíes. Hay que eñalar que el canto del coquí no le molesta a todos los hawaianos, en especial a muchos escendientes de puertorriqueños que emigraron a Hawaii a principios de los 1900 para os cuales el canto del coquí resulta en una melodía placentera. ¿Y por qué el libro se titula Coquí-Kokee? El título responde a la onomatopeya del canto del coquí. Pero en el idioma nglés, la forma escrita del sonido es Kokee.

Coquí coquí coquí
qué bien me siento aquí.
Las personas se alegran con mi cantar
y muy orgullosos de mí están.

En la isla del encanto
de seguro me escucharás
pues en ningún otro lugar
se escucha mi cantar.

Mientras tanto, al otro lado del mundo, en las islas de Hawaii...

HAWAII

Kokee kokee kokee
con nosotros quieren acabar.
A la gente de Hawaii
no les gusta nuestro cantar.

De una isla en el Caribe
mucho hemos escuchado.
Donde nuestro cantar es apreciado
por todos los Borincanos.

Saltemos a la maleta
y con los Rivera nos vamos.
Calladitos sin cantar
ni cuenta se darán.

A Borinquen nos vamos
a reencontrarnos con nuestros hermanos.
La tierra de nuestros ancestros
en donde mejor cantamos.

…y luego de un largo viaje,a Borinquen llegamos!

PUERTO RICO

Coquí coquí coquí
en dónde estás Naíma
qué no estás aquí.
Coquí coquí coquí.

Aquí estoy Abey
en la bella flor de Maga.
En donde tu canto se escucha
de la noche a la mañana.

Los Rivera tienen visita;
los delietaré con mi canto.
Coquí coquí coquí.
¡Ya saben quién está aquí!

Escucha Akamú
el canto de un coquí.
Responde con tu canto
y que sepán que estamos aquí.

Kokee kokee kokee
desde Hawaii hemos llegado.
A la isla de Borinquen
en donde aman nuestro canto.

De la tierra de Hawaii
nunca hemos escuchado.
Pero por la nostalgia de tu canto
a tu tierra has regresado.

¿Y comó llegaron a tierras lejanas,
si de Borinquen somos pequeñas ranas?

Cuenta la leyenda
que en una planta partimos.
Y en Hawaii encontramos
un bello paraíso.

En Hawaii nos multiplicamos
y Kokee Kokee cantamos.

Dicen que somos invasores
y que nuestro canto les molesta.
Que nos quieren erradicar
para nuestro canto callar.

En el archipiélago Hawaiano
nos tratan como villanos.
Pero en la casa de los Rivera
cantamos sin cuidado.

Hawaii y Puerto Rico
muy parecidos son.
Pero aquí encontré un son
y ahora mi canto suena mejor.

Yo soy de aquí como el coquí
dicen todos los Boricuas.
Cantemos juntos toda la noche
y que se sienta nuestra alegría.

Esta noche habrá fiesta
para celebrar este reencuentro.
Que en Borinquen nuestro canto
es motivo de festejo.

COQUÍ COQUÍ

COQUÍ

COQUÍ-COQUÍ

coquí

coquí

COQUÍ

coquí

coquí

www.ingramcontent.com/pod-product-compliance
Ingram Content Group UK Ltd.
Pitfield, Milton Keynes, MK11 3LW, UK
UKHW060119010826
14089UKWH00005B/54

9 798991 426305